BEI GRIN MACHT SICH IHR WISSEN BEZAHLT

Bibliografische Information der Deutschen Nationalbibliothek:

Die Deutsche Bibliothek verzeichnet diese Publikation in der Deutschen National-
bibliografie; detaillierte bibliografische Daten sind im Internet über http://dnb.d-
nb.de/ abrufbar.

Impressum:

Copyright © 2014 GRIN Verlag, Open Publishing GmbH
Druck und Bindung: Books on Demand GmbH, Norderstedt Germany
ISBN: 9783656829157

Dieses Buch bei GRIN:

http://www.grin.com/de/e-book/281972/anschliessen-eines-schutzkontaktsteckers-
unterweisung-elektroniker-in

Markus Scoor

Anschließen eines Schutzkontaktsteckers (Unterweisung Elektroniker / -in, Fachrichtung Betriebstechnik)

GRIN Verlag

GRIN - Your knowledge has value

Der GRIN Verlag publiziert seit 1998 wissenschaftliche Arbeiten von Studenten, Hochschullehrern und anderen Akademikern als eBook und gedrucktes Buch. Die Verlagswebsite www.grin.com ist die ideale Plattform zur Veröffentlichung von Hausarbeiten, Abschlussarbeiten, wissenschaftlichen Aufsätzen, Dissertationen und Fachbüchern.

Besuchen Sie uns im Internet:

http://www.grin.com/

http://www.facebook.com/grincom

http://www.twitter.com/grin_com

Praktische Ausbilder – Eignungsprüfung

29. September 2014

Thema:

Anschließen eines Schutzkontaktsteckers

Berufsbild:

Elektroniker Fachrichtung Betriebstechnik

Ersteller:

Max Mustermann
Musterstr. 1

12345 Musterhausen

Inhalt: Seite

Ausbilder

Name:	Mustermann
Vorname:	Max
Alter:	39 Jahre
Beruf:	Energieelektroniker Fachrichtung Betriebstechnik
Weiterbildung:	Geprüfter Industriemeister Elektrotechnik

Auszubildender

Name:	Schulz
Vorname:	Roland
Alter:	17 Jahre
Ausbildung:	Elektroniker Fachrichtung Betriebstechnik
	1. Ausbildungsjahr / 2. Quartal
Ausbildungsdauer:	3 ½ Jahre
Schulabschluss:	Fachoberschulreife

Anschließen eines Schutzkontaktsteckers

Vor dem Anschließen des Schutzkontaktsteckers müssen noch vorher folgende Arbeiten durchgeführt werden:

- Auseinanderbauen des Steckers
- Abmanteln der Leitung
- Adern auf Länge abschneiden
- Abisolieren der Adern
- Aderendhülsen quetschen

2.1 Werkzeuge

- Seitenschneider
- Abisolierzange
- Quetschzange für Aderendhülsen
- Mantelabisolierer
- Kreuz- Schraubendreher PH 1 x 80

2.2 Materialien

- Schutzkontaktstecker
- Aderendhülsen 1,5mm² (schwarz)
- Mantelleitung H05VV-F 3G1,5

3. Ausgangssituation

Der Auszubildende ist 17 Jahre alt und besitzt die Fachoberschulreife. Er strebt den Beruf des Elektronikers mit der Fachrichtung Betriebstechnik an. Momentan befindet er sich im 2. Quartal des 1. Ausbildungsjahres und konnte bereits einige Erfahrungen im Umgang mit elektrischen Betriebsmitteln erlernen. Seine Motivation und sein soziales Verhalten sind sehr vorbildlich. Die bisher durchgeführten Arbeiten hat er stets sorgfältig und gewissenhaft ausgeführt.

Der Ausbilder und der Auszubildende konnten sich bereits durch ein Betriebspraktikum kennenlernen. Dadurch ist dem Ausbilder aufgefallen, dass der Auszubildende bereits einige Vorkenntnisse im Bereich Elektrotechnik mitbringt.

Die Feinlernziele 1 - 5 wurden bereits vor der Pause geübt und vermittelt. Die Fortsetzung der praktischen Unterweisung beginnt somit nach der Pause ab dem Feinlernziel sechs. Für diese Ausgangssituation werden die Arbeiten entsprechend fortgeführt. Einige Sicherheitsvorschriften, sowie theoretische Inhalte wurden bereits erklärt und werden im Verlauf der Unterweisung noch erweitert.

Die Unterweisung wird in der Elektroausbildungswerkstatt um 9:00 Uhr fortgesetzt und dauert ca. 15 Minuten. Der Zeitpunkt wurde morgens gewählt, da hier die Konzentrations- und Aufnahmefähigkeit im Allgemeinen sehr hoch ist.

4. Lernzielbeschreibung

Mit dem Lernziel wird beschrieben, was der Auszubildende nach der Unterweisung selbstständig und fachgerecht können soll.

Die Aufgabe entspricht der sachlichen und zeitlichen Gliederung des betrieblichen Ausbildungsplanes sowie des Ausbildungsrahmenplanes.

	Richtlernziel	Groblernziele	Feinlernziele
Genauigkeit	Gering	Mittel	Hoch
	Großer Auslegungsspielraum	Auslegungsspielraum	Kein Auslegungsspielraum
Zeitlicher Umfang	Groß	Mittel	Klein
	Mehrere Monate	Mehrere Wochen	Teile der Unterweisung
Vorliegendes Thema **Auszug aus dem Ausbildungsrahmenplan** Ausbildungsberuf zum Elektroniker-Fachrichtung Betriebstechnik	Montieren und Anschließen elektrischer Betriebsmittel (§ 11 Abs. 1 Nr. 7)	b) Leitungen auswählen und zurichten sowie Baugruppen und Geräte mit unterschiedlichen Anschlusstechniken verbinden **Unterweisungsziel** **Anschließen eines Schutzkontaktsteckers**	**Siehe Seite 9 – 11** Feinlernziele 1 - 8

Vorangegangenes Thema: Aufbau des Schutzkontaktsteckers

Nachfolgendes Thema: Anschluss anderer Steckerarten

Für die Unterweisung wurde die 4-Stufen Methode gewählt, da bei dieser Aufgabe hauptsächlich psychomotorische Ziele vermittelt werden sollen.

Der Auszubildende soll die grundlegenden Kenntnisse und handwerklichen Fähigkeiten im Umgang mit Arbeitsmitteln erlernen.

Die 4-Stufen Methode ist in vier Lernstufen gegliedert. Nach der Vorbereitung werden die einzelnen Arbeitsschritte vom Ausbilder vorgemacht, danach von dem Auszubildenden nachgearbeitet und geübt. Die ausgeführten Arbeiten können von beiden Beteiligten verglichen und kontrolliert werden.

1. Bereitstellung	Der Ausbilder legt die benötigten Werkzeuge und Materialien in doppelter Ausführung bereit. Die Arbeitsfläche sollte aufgeräumt und überschaubar sein.
2. Begrüßung	Der Auszubildende wird freundlich begrüßt. In einem kurzen Gespräch soll die Atmosphäre aufgelockert werden, um mögliche Hemmungen zu nehmen.
3. Motivation	Um die Motivation und das Interesse des Auszubildenden zu wecken, werden die Unterweisungsziele erklärt und die notwendigen Tätigkeiten aufgeführt.
4. Beispiele	Außerdem werden dem Auszubildenden Beispiele aus dem Berufsleben genannt, bei denen das gelernte angewendet werden könnte.
5. Vorkenntnisse	Theoretische Vorkenntnisse sollten bereits vorhanden sein, durch eine kurze Wiederholung, kann das gelernte weiter gefestigt werden.
6. Arbeitsschutz	Es werden notwendige Informationen über Sicherheit und Unfallverhütung angesprochen.

Die Feinlernziele 1 - 5 sind bereits vor der Pause geübt und vermittelt worden

Was ?	Wie ?	Warum ?
Feinlernziel	**Arbeitsablauf**	**Begründung**
1. Schutzkontaktstecker auseinanderbauen	- Schraube zum fixieren des Steckers lösen - Überstülpen der Steckerabdeckung auf das Leitungsende	- Der Steckereinsatz kann entnommen werden - Die Steckerabdeckung lässt sich vor dem Absetzen besser überstülpen
2. Abmanteln der Leitung	- Mantelabisolierer bei ca. 50mm vom Kabelende ansetzen - Mantelabisolierer zusammendrücken und eine ganze Umdrehung ausführen - Die Schnitttiefe darf nicht tiefer als die Manteldicke erfolgen - Mantelendstück abziehen	- Aderlängen dürfen nicht zu lang oder zu kurz werden - Ein gerader Schnitt soll rundum erfolgen - Bei zu tiefen einschneiden kann die Isolierung der Einzeladern beschädigt werden - Damit die Einzeladern freigelegt werden
3. Einzeladern auf Länge schneiden	- Die blaue und braune Ader werden ca. 20mm gekürzt - die grüngelbe Ader bleibt etwa 50mm lang	- Falls das Kabel herausgerissen wird, sollte die grüngelbe Ader als Letztes abreißen (Schutzleitersicherheit)

Was ? **Feinlernziel**	Wie ? **Arbeitsablauf**	Warum ? **Begründung**
4. Absetzen der Einzeladern	- Die Adern einzeln bis zur gelben Markierung in die Abisolierzange einführen und die Zange betätigen - Einzeladern werden 10mm abgesetzt	- Mit der gelben Markierung wird die Länge des Aderabsetzens eingestellt (hier 10mm) - Abisolierte Feindrähte sollen mit der Aderendhülse später abschließen, es sollten keine Litzen überstehen oder zu kurz abgesetzt sein
5. Aderendhülsen quetschen	- Aderendhülsen für Leitungsquerschnitt 1,5mm² (schwarz) auswählen - Die feinen Drähte etwas verzwirbeln - Aderendhülsen einzeln auf die Adern aufschieben - Aderendhülsenzange mit 1,5mm² auf der Metallfläche der Aderendhülse ansetzen und gleichmäßig quetschen	- Zu kleine Hülsen passen nicht über die Adern und zu große wären nicht richtig befestigt - Sorgt für einen festen Halt der Aderendhülse - Wenn zu viele Endhülsen aufgeschoben werden, besteht die Gefahr das die Hülsen verrutschen - Um eine feste und gut leitende Verbindung zu gewährleisten

Der Ausbilder beginnt nach der Pause mit der Fortsetzung der Unterweisung ab dem Feinlernziel sechs

Was ? Feinlernziel	Wie ? Arbeitsablauf	Warum ? Begründung
6. Einzeladern am Stecker anschließen	- Schrauben von der Zugentlastung lösen, eine Schraube herausdrehen, bewusst zur Seite legen und die Zugentlastungsbrücke nach außen umschwenken - Die grüngelbe Ader wird am mittleren Kontakt angeschlossen - Die braune und blaue Ader müssen jeweils an eine der äußeren Anschlüsse befestigt werden	- Der Stecker kann leichter angeschlossen werden und das Kabel kann nach dem Anschluss einfacher mit der Zugentlastung befestigt werden - Der Schutzleiteranschluss ist nur für die grüngelbe Ader bestimmt - Aufgrund der Wechselspannung können die beiden Außenanschlüsse frei ausgewählt werden
7. Leitung mit dem Steckereinsatz befestigen	- Zugentlastungsbrücke über dem Mantel schwenken, so das ca. 2mm Mantel unter der Brücke überstehen - Zugentlastungsschraube wieder einsetzen und beide Schrauben befestigen	- Die Zugentlastung muss für einen sicheren Halt auf dem Mantel befestigt werden - Damit das Kabel nicht aus dem Stecker gezogen werden kann
8. Schutzkontaktstecker wieder verschließen	- Die Einzeladern im Stecker ausrichten - Steckerabdeckung mit dem Steckereinsatz zusammenschieben und mit der Schraube sichern	- Damit beim Steckerzusammenbauen keine Adern eingequetscht werden - Auf korrekte Befestigung und Zusammenbau des Steckers achten

5.3   3. Stufe: Nachmachen

Ausbilder	Auszubildender
- Ausbilder beobachtet die Nacharbeit - „ prüft auf Korrektheit - „ verbessert bei Bedarf - „ gibt Hilfestellung - „ spricht Lob aus	- Auszubildender arbeitet nach - „ vergleicht selbst - „ korrigiert bei Bedarf - „ fragt ggf. nach - „ erklärt Ausführung

5.4   4. Stufe: Übung

Übung	Auswertung
- Der Auszubildende bekommt die Gelegenheit das Gelernte weiter zu üben und zu vertiefen	- Die Auswertung erfolgt durch den Vergleich der Arbeitsausführungen - der Fertigstellung der Aufgabe

6. Nachtrag

In diesem Betrieb wird nach jeder Reparaturarbeit an ortsveränderlichen Geräten eine Prüfung nach der BGV A3 durchgeführt. Die Prüfungen dürfen nur von Mitarbeitern mit einer besonderen Schulung zur befähigten Person vorgenommen werden. Nach erfolgreicher Prüfung bekommen die Geräte ein Prüfsiegel für eine festgelegte Zeit, im Anschluss daran folgt eine Wiederholungsprüfung.

7. Ausbildungsnachweis

Der Auszubildende wird darauf hingewiesen, dass die Unterweisung in das Berichtsheft einzutragen ist. Ausbildungsnachweise sind wichtige Bestandteile der Ausbildung, sie müssen regelmäßig geführt und kontrolliert werden. Der Ausbildungsstand des Auszubildenden kann somit überprüft und nachverfolgt werden.

8. Schlussphase

Der Auszubildende wird gefragt, ob er alle Arbeitsschritte verstanden hat. Bei Bedarf werden noch offene Fragen zum Thema beantwortet. Der Ausbilder bedankt sich für die Aufmerksamkeit, spricht noch ein Lob aus und beendet die Unterweisung. Verabschiedung zwischen den Ausbilder und dem Auszubildenden.

BEI GRIN MACHT SICH IHR
WISSEN BEZAHLT

- Wir veröffentlichen Ihre Hausarbeit,
  Bachelor- und Masterarbeit

- Ihr eigenes eBook und Buch -
  weltweit in allen wichtigen Shops

- Verdienen Sie an jedem Verkauf

Jetzt bei www.GRIN.com hochladen und kostenlos publizieren